文化篇

古人有意思

吴 晗
—著—
彭麦峰
—绘—

北京理工大学出版社
BEIJING INSTITUTE OF TECHNOLOGY PRESS

图书在版编目（CIP）数据

古人有意思 . 文化篇 / 吴晗著 ; 彭麦峰绘 . — 北京 : 北京理工大学出版社 , 2023.2

ISBN 978-7-5763-2010-7

Ⅰ . ①古… Ⅱ . ①吴… ②彭… Ⅲ . ①文化史－中国－古代－通俗读物 Ⅳ . ① K220.9

中国国家版本馆 CIP 数据核字 (2023) 第 003128 号

出版发行 / 北京理工大学出版社有限责任公司
社　　址 / 北京市海淀区中关村南大街 5 号
邮　　编 / 100081
电　　话 /（010）68914775（总编室）
（010）82562903（教材售后服务热线）
（010）68944723（其他图书服务热线）
网　　址 / http：//www.bitpress.com.cn
经　　销 / 全国各地新华书店
印　　刷 / 河北盛世彩捷印刷有限公司
开　　本 / 880 毫米 ×1230 毫米　1/32
印　　张 / 7.25
字　　数 / 134 千字
版　　次 / 2023 年 2 月第 1 版　2023 年 2 月第 1 次印刷
定　　价 / 49.00 元

责任编辑 / 朱　喜
文案编辑 / 朱　喜
责任校对 / 周瑞红
责任印制 / 李志强

目录

第四章　爱写诗的隋唐时期

中国诗歌的珠穆朗玛峰

第五章　爱写词的宋元时期

士大夫的快乐天堂

第六章　爱写小说的明清

果然，文章越写越长了

第一章

思想家辈出的春秋战国

百花齐放、争奇斗艳

连年的战乱，为思想的大爆发提供了肥沃的土壤。春秋战国时期，各学派争辩激烈，纷纷著书立说，阐述思想，形成了空前绝后的“百家争鸣”局面。

“韦编三绝”中的韦和编分别指什么

孔子晚年爱读《易经》，由于经常翻看，以至于把竹简的皮绳都弄断。司马迁在《史记》中记载，**“孔子读《易》，韦编三绝”**。

“韦”指的是熟牛皮；“编”是指用熟牛皮把竹简连起来。

当时的书都刻在竹简上，一根竹简最多能刻几十个字。《周易》有六千多字，至少需要三百多根竹简。

竹简一根根堆放，顺序很容易被打乱。为了方便阅读，聪明的古人用绳子将它们按顺序连起来。连接绳有丝线、麻绳、熟牛皮等多种样式。

《易经》这样厚重的书，必须用结实的熟牛皮串联。孔子将熟牛皮都翻断了，可见他在《易经》上面下了多大的功夫。这种勤奋好学的精神，值得我们每一个人去学习。

孔子是我国春秋时期伟大的思想家、教育家。他对于总结我国古代文化遗产，有着巨大贡献。

——吴晗《中国历史常识》

人们为什么总说读书破万卷

大诗人杜甫有个写作秘诀，那就是读书破万卷，下笔如有神。

为什么是破万卷，而不是破万本呢？

我国最早的书，是春秋战国时期的竹简。

竹简是书写用的竹片，书写起来不太方便。

字用毛笔写，写错了得用刻刀削去。而且竹简笨重，五千字的书至少重50斤。

战国时期，人们发现帛可以作为书写材料。

帛是一种白色丝织物，用它书写的文字被称为帛书。

黑白分明，明白不？

老师，为什么要用白色的丝织物写字呢，黑色的不行吗？

在帛上书写，十分方便。它可以根据文章内容的长短，自由裁剪，然后卷成一束。

杜甫说的“读书破万卷”的“卷”字，来历就在这。不过，帛的价格比竹简贵得多，只有贵族才用得起。

比简策和版牍稍晚一点的书是帛书，就是在用丝织成的帛上写的书。

——吴晗《中国历史常识》

平民家的孩子念书太难了

现代社会，无论你家境如何，都要接受九年义务教育。在古代，平民家的孩子可就没有这么幸运了。

早在春秋时期，我国就有学校了。不过那是专门接收贵族子弟的官学。一介平民是没资格入学读书的。后来，随着诸侯势力的强大，官学渐渐没落。

取而代之的便是私学。**孔子就是创办私学的代表人物。**孔子周游列国，教导了三千多名学生，其中贤能的有七十二人。

无论贵族平民，只要爱学习，他都愿意教导。在他眼里，学生都是平等的，这叫“有教无类”。

他还主张“因材施教”，让每个学生都能得到最佳发展。这就是他的办学思想。

另一位大教育家墨子创立了“墨学”，他的学生大都来自社会底层。“墨学”主要教授生产技术和科学知识，十分注重实践。在当时，“儒学”和“墨学”并称显学。

孔子是一位大教育家，做了几十年的教育工作。对学生，他主张因材施教。

——吴晗《中国历史常识》

古人为什么那么爱辩论

常言道："沉默是金，雄辩是银。"古人却反其道而行，他们一言不合，就辩论。一起来看看吧。

春秋战国时期，我国涌现出大量的学术流派。他们对社会问题，发表不同见解，形成了百家争鸣的繁荣景象。

诸子百家中，对后世影响深远的主要有儒家、道家、法家。

儒家主张实行仁政，以礼治国。代表人物有孔子、孟子。后人将二人并称为“孔孟”。

他们都曾周游列国，只是当时各国君主都认为儒家的主张不合时宜。

道家主张清静无为，顺应自然。

代表人物有老子、庄子。

他们提倡“我无为而民自化”，反对轻易劳役人民。这种主张，在战国时期自然不受待见。

法家主张以法治国，“王子犯法，与庶民同罪”。

代表人物有商鞅、韩非子。

他们主张国家大权集中在君主一人手里，深受各国君主欢迎。

春秋战国时期“诸子纷争，百家争鸣”局面的出现，在我国文化发展史上，是一个很重要的阶段。

——吴晗《中国历史读本》

第二章

文心秦汉

秦汉铸就了中华文化的主流

秦汉时期，文化繁荣昌盛。先秦、两汉散文风格多样，气势磅礴，一直为后世所称道。汉朝的《史记》《汉书》更是后世史官遵循的典范。汉武帝首创太学，独尊儒术，确立了中国传统文化的主流。

秦始皇焚烧的都是哪些书

在中国历史上，有历史记载的大规模焚书事件有多次，其中我们最为熟知的一次就是秦始皇焚书。

秦始皇统一全国后，想实行郡县制，结果遭到一群儒生反对。大臣李斯建议烧掉他们的书籍。秦始皇因被一群方士欺骗，大怒之下，坑杀了他们。史称“焚书坑儒”。

那么，秦始皇是把所有的书都烧了吗？并不是，他只烧了六国史书、《诗经》和《尚书》、诸子百家等典籍。一些种植、占卜、医药方面的书籍是允许保留的。

虽说焚书有利于统一思想，但它对先秦文化的摧残也是不可避免的。秦朝以如此残暴的手段，钳制人们的思想，难怪只传二世就灭亡。

“焚书”对古代文化是一种很大的摧残，“坑儒”影响了人民对政府的正确批评。

——吴晗《中国历史读本》

秦始皇的帽子为什么像个门帘

现如今，戴帽子一般都比较随意。古代，人们可是很讲究戴帽子的，尤其是皇帝。

皇帝戴的帽子叫冕。

冕上的平板叫延板，前圆后方，象征天圆地方。在延板两侧，各穿一孔，用来穿插玉簪。毕竟帽子掉下来，有损皇家威严。

帽子两边的丝带上，各垂一颗珠玉，叫“充耳”。一旦走起路来，两颗充耳晃来晃去。这是在提醒皇帝不要相信谗言。

帽子前后像门帘一样垂落的叫旒（liú）。皇帝帽子上的旒前后各有 12 根，每根旒上有 12 个玉珠，象征一年有十二个月。旒是用来提醒皇帝注意仪态的。假如皇帝摇头晃脑的，旒就会叮当作响。

不过，冕旒一般都在盛大祭祀的时候穿戴。它相当于皇帝的正式礼服。要是皇帝每天都戴它，那简直是活受罪。这真是“欲戴王冠，必承其重”。

统治者戴的冠，前梁高耸，向后倾斜，中空如桥；梁分一梁、三梁、五梁几种，上面另加金玉装饰，表示爵位等级。

——吴晗《中国历史读本》

秦始皇的袍子为什么是黑色的

一提起龙袍，估计大家都会认为它是黄色的，"黄袍加身"嘛。不过，秦始皇就比较另类，他的龙袍是黑色的。

战国时期，阴阳家邹衍创立了“五德终始说”。五德又叫五行，是指金、木、水、火、土。他认为世间万物是由这五种物质构成的。

宇宙的运动，也是由五行相生相克形成的。

他还认为，一个朝代兴起，必然与某一“德”相配，像周朝就是火德。而一个朝代被灭，必然是因为下一朝代的“德”克制上一朝代的“德”。这就是五德终始说。

秦始皇认为周朝是火德，秦能灭周，那秦朝必然是水德。在五行学说里，水是黑色，所以他就穿黑龙袍。

虽然选定黑色，秦朝还是只传了两代就灭亡了。五德终始说，终究是迷信。要想国家长治久安，还得靠实行仁政。

利用“五德终始”说来解释人事，把人类历史的发展说成是循环的，而不是不断向前发展的，这是很有害的。

——吴晗《中国历史读本》

《史记》与《汉乐府》

说起文学，大家首先会想到唐诗宋词。那么汉朝有什么呢？一起来看看吧！

嘿嘿，其实我也很有料！

两汉时期文化繁荣，涌现了很多脍炙人口的名作。《史记》《汉乐府》《子虚赋》都是那个时期的代表作。

我是历史文化圈的一哥！

《史记》是我国第一部纪传体通史，它记载了从黄帝至汉武帝时期共三千多年的历史。

作者司马迁独创的纪传体体例，成为后世正史的典范。

《史记》取材严谨，叙事生动，行文雄健，读起来荡气回肠。鲁迅称它“史家之绝唱，无韵之离骚”。

《汉乐府》是汉朝皇家音乐学院——乐府采集的民歌总集。它具有浓厚的生活气息，开创了现实主义诗歌的先河。它的代表作《陌上桑》和《孔雀东南飞》，被称为“乐府双璧”。

司马迁无愧是我国古代最杰出的历史学家,《史记》无愧是我国古代最伟大的历史著作。

——吴晗《中国历史读本》

汉文帝为什么让太傅给自己算命

好友久别重逢，自然有说不完的话。汉文帝与贾谊再会时，就一直聊到深夜。是什么话题让他们这么着迷呢？

贾谊年少成名，深受汉文帝重用。他很有政治见解，提出的建议总能切中要害。朝中老臣们嫉妒他，纷纷在汉文帝面前说他的坏话。

于是，贾谊被贬为长沙王太傅。上任途中，他写下名篇《吊屈原赋》。在文中他以屈原自喻，抒发无辜遭贬的愤懑。

后来，他又写下《鵩鸟赋》，言辞悲切，读之令人泪下。

几年后，汉文帝想念贾谊，征召他入宫。原来汉文帝迷上了算命，想向他请教鬼神之事，两人一直谈到深夜。

尽管皇帝听得着迷，但贾谊却依然不得重用。很快，他因梁怀王坠马而死，深自歉疚，在忧郁中去世，年仅三十三岁。**“自古文章憎命达”**，这话说得一点也不错啊！

汉文帝和贾谊谈话，谈到夜半，文帝不自觉把席子前移，坐得靠近贾谊一些。

——吴晗《中国历史常识》

用工十一万打造的大学——太学

大学，是很多学生的终极目标。早在汉代，我国就有了国立大学——太学，一起来看看吧。

西汉时期，汉武帝听从董仲舒建议，设立太学。

此时，太学处于草创阶段，只有五名老师，五十名学生。教材用的是五经，一名老师教一门。

此后，历任皇帝都致力于兴办太学。汉成帝时，竟扩招了三千多名学生。孔子也就三千弟子，这办学效果，直逼教育界鼻祖了。

东汉时期，太学迎来了前所未有的繁荣。汉顺帝时，大肆扩建整修太学。他修建了 240 栋房屋，1800 多间房子。光工人就用了 11 万多。随后，太学生规模就达三万人。

汉灵帝继任后，命令蔡邕把正版教材刻在石碑上，立在学校门口。史称“太学石经”。它一出世，就轰动全国，每天都有几千人去临摹观看。汉代太学之盛，令人惊叹！

董仲舒建议设立太学，专门用于培养为地主阶级服务的儒生。

——吴晗《中国历史读本》

两汉为何盛行赋

常听人说“诗词歌赋”，诗、词、歌大家应该都很熟悉。那么什么是赋呢？

赋是汉朝流行的一种文体，简单点说就是押韵的散文。

两汉时期，文人都爱写赋，以至于后人把赋作为汉代文学的代表。

汉代出了很多写赋的名家，比如司马相如、扬雄、班固、张衡等。其中最著名的当属司马相如。

相传，汉武帝的皇后为了挽救婚姻，花费百金，求得司马相如作《长门赋》。汉武帝读后，与皇后和睦如初。一篇赋就让皇后重新得宠，可见司马相如的艺术水平有多高了。

为什么赋在汉朝如此盛行呢？

原来，汉武帝时期国力昌盛，他本人又好大喜功，招揽很多文人为他歌功颂德。于是辞藻华丽的汉赋就兴盛起来了。

由于国家的统一、经济的发展，武帝时，文化也很昌盛。

——吴晗《中国历史读本》

纸并不是蔡伦制造的

造纸术是我国四大发明之一。一直以来，人们都认为是蔡伦发明了纸，事实真的如此吗？

纸在西汉时期就出现了。当时人们已经造出了麻纸，只是它造价昂贵，工艺粗糙，不适合书写。

东汉时期，蔡伦总结前人经验，改进了造纸术。他用树皮、破布、渔网做原材料，经过无数次尝试，终于做出方便又实用的纸。皇帝为了嘉奖他，封他为龙亭侯。所以，人们称他的纸为“蔡侯纸”。

此后，人们不断改进造纸工艺，造出各式各样的纸。中国造纸术逐渐流传到世界，为世界文明做出巨大贡献。

东汉中叶，蔡伦总结了前人造纸的经验，改进了造纸方法，纸的质量显著提高。

——吴晗《中国历史读本》

在田地里读书的桓荣

大家想成为学霸吗？一起来看看学霸桓荣养成记吧！

桓荣自幼家贫，但很爱学习。

即使在田地里干活，也不忘读书。

有族人就嘲笑他：读书能买来大米吃吗？

桓荣不闻不问，依然刻苦用功读书。

后来，桓荣到长安求学。因为家里贫穷，他便一边打工，一边学习。为了完成学业，他整整十五年没有回家探望！

毕业后，他为了躲避战乱，跑到江淮一带当乡村教师。他一边教书，一边学习。几十年来，从未懈怠。

到六十多岁时，桓荣被光武帝刘秀征召入宫，给太子当老师。桓荣温文尔雅，学识过人。刘秀激动地称赞道：我应该早点遇到你啊！

太子即位后，更加优待桓荣。封桓荣为关内侯，他的两个儿子也被征召到朝廷来做官。后来，桓荣的儿子也都成了皇帝的老师，桓氏一族从此兴盛起来。

刘秀建立的政权，因都城在洛阳，故历史上称为东汉。刘秀就是后世所称的光武帝。

——吴晗《中国历史读本》

为什么人们称好医生为华佗再世

大家称赞医生医术高明，通常会说他“华佗再世”。**那么，谁是华佗呢？**

华佗是东汉末年著名的医学家，

他医术精湛，

尤其擅长外科，

被后人称为**“外科圣手”**。

华佗发明了世上最早的麻醉剂——麻沸散。

在动手术前，他会让病人用酒冲服麻沸散。病人失去知觉后，他就可以安心做手术了。

他还发明了“五禽戏”，仿照虎、鹿、熊、猿猴、飞鸟五种动物的动作，来锻炼身体各个部位。据说，常年练习五禽戏，可保健康长寿。

华佗发明用全身麻醉的方法进行外科手术，是我国也是世界上第一个使用全身麻醉的医生。

——吴晗《中国历史读本》

第三章

“风流”的魏晋南北朝

嗜酒、清谈、五石散，样样都有

魏晋士人，爱穿宽衣大袖，嗜酒如命，喜食五石散。他们用怪诞奇特的方式，对抗礼教约束，表达对个性解放以及精神超脱的追求。他们狂放洒脱、特立独行，被后世誉为“魏晋风流”。

孙权为什么劝吕蒙读书

家长为了劝孩子用功读书，那可真是费尽心思。三国时期，孙权也劝过部下吕蒙读书，一起来看看他用的什么招吧。

吕蒙是三国时期吴国大将，

他打仗很厉害，但是文化水平不高。

鲁肃等文人很看不起他。

于是孙权劝他多读书，他推辞说公务太忙。

孙权劝道：我又不是让你做博士。你只要看个大概就行。再说，你能忙过我吗？我经常读书，收获还是很大的。吕蒙醒悟过来，开始努力读书。

过了一段时间，鲁肃前来看望吕蒙。两人谈论一番，鲁肃震惊道："你再也不是当年那个吴下阿蒙了！"吕蒙回答："士别三日，当刮目相看。"

此后，两人结为好友，相处很亲密。鲁肃去世前，推荐吕蒙为东吴大都督。假如当年吕蒙不听劝导，恐怕也不会有这般成就了。这其中的道理，值得每一个人深思。

《三国志·吕蒙传》，记孙权劝吕蒙学习的故事，很有教育意义。

——吴晗《中国历史读本》

曹操与建安风骨

熟读《三国演义》的朋友，对曹操肯定不会陌生。其实曹操不仅是军事家，诗写得也不错。

曹操的诗，多以反映时事为主。

比如著名的《蒿里行》，写得就是他在征讨袁术时的所见所闻。

诗中一句“白骨露于野，千里无鸡鸣”，道尽了战乱给百姓造成的苦难。

这种苍凉悲壮的写实风格，深深影响了其他人。当时孔融、陈琳、王粲、徐干、阮瑀、应玚、刘桢等七人的诗，风骨遒劲，慷慨悲凉，后人称其为“建安风骨”。他们七人被称为“建安七子”。

建安七子的作品中，

以王粲的《七哀诗》最为出名。

它深刻地描写了诗人目睹百姓所遭受的苦难。

全诗感情悲切，催人泪下。

建安风骨一改汉赋的夸张华丽，其深沉写实的风格对后世产生了深刻的影响。唐代李白、杜甫等人的诗作，依然有建安风骨的遗韵。

曹操是我国封建时代杰出的政治家、军事家和文学家，就他的一生来讲，是功大于过。

——吴晗《中国历史读本》

魏晋的文人为什么那么能喝酒

偶像男团，大家都知道吧。早在魏晋时期，我国就有了最强男团——竹林七贤。一起来看看吧。

魏晋时期，嵇康、阮籍、山涛、向秀、刘伶、王戎及阮咸七人经常在竹林喝酒聚会。

他们志趣相投，放荡不羁，世人称之为“竹林七贤”。

七贤中的第一酒鬼当属刘伶。

他一喝醉，就赤身裸体待在屋中。

有人讥笑他，他反驳道："我把天当被子，把屋子当裤子，你到我裤子里来做什么？"

阮籍喝起酒来也不差。司马昭想和他做儿女亲家，派人前去说媒。结果他一醉就是两个多月，司马昭只得作罢。

魏晋名士爱喝酒，是有原因的。

当时，政治斗争激烈，很多名士都被当权者杀害。

为了避祸，他们纷纷佯狂装醉。

阮籍连醉两个月，就是这个缘故。

除了喝酒，他们还爱吃五石散。

服用过后，浑身燥热，神经癫狂。

所以才会做下很多特立独行的行为，

比如裸奔。

醉酒、服药成了魏晋名士的独家标志。他们用酒精和丹药来麻痹神经，以此来忘记那充满压迫的现实。他们越是癫狂，内心就越悲凉。

公元 265 年，司马昭的儿子司马炎夺取魏朝的皇位，自己做起皇帝来，这就是晋武帝。

——吴晗《中国历史读本》

“书圣”“画圣”是谁

古代的名人有很多外号，比如“诗圣”杜甫，“医圣”张仲景，“兵圣”孙武。那么谁是“书圣”和“画圣”呢？

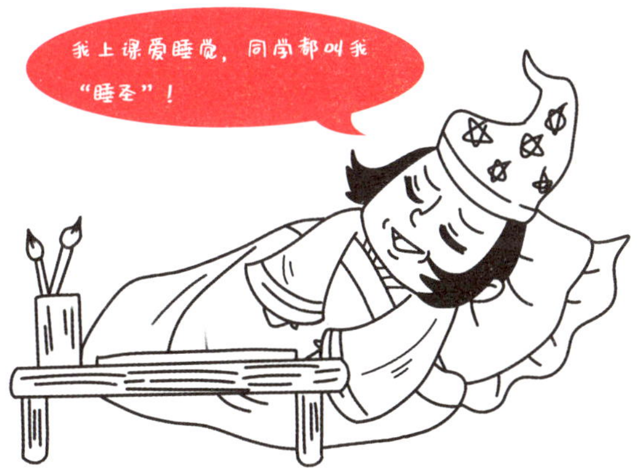

东晋时期的王羲之，精于书法，博采众家之长，人称“书圣”。

他的《兰亭序》被誉为“天下第一行书”。全篇光“之”字就有21种写法，一直为世人津津乐道。

他有这样的成就，离不开勤学苦练。

相传，他每次练完字，都要到门前的池塘去洗笔砚。

几年下来，池子的水都被墨汁染黑了。

相传王羲之曾在一块木板上题词，后来新皇帝想换一下原木板上的题词，便让工人将木板上的字削掉。工人把木板直削进三分仍未能把王羲之原来的字迹刮掉，便不由得惊叹他的笔力。这就是成语“入木三分”的来历。

“画圣”吴道子，是唐朝人。他刻苦学习绘画，画技十分高超。有一次，皇帝让他和别人一起画山水图。结果别人几个月才画好，而他只要一天。可见他的笔法有多娴熟。

不管“书圣”还是“画圣”，都是刻苦钻研才有这样的惊人技艺。这真是**“吃得苦中苦，方为人上人”**。

王羲之的书法艺术在我国享有极高的声誉，后人把他称为“书圣”。

——吴晗《中国历史读本》

第四章

爱写诗的隋唐时期

中国诗歌的珠穆朗玛峰

唐朝时期，诗歌发展达到顶峰。唐诗内容无所不包，山水田园、边塞、民间疾苦皆可成诗。后人不禁感叹：世事已被唐诗道尽。唐诗成为中国诗歌史上不可逾越的高峰。

科考字不好，墨水喝到饱

形容一个人学问好，大家通常会说他“一肚子墨水”。在隋朝，“一肚子墨水”的人，那真是一抓一大把。

隋文帝规定，科考试卷字迹潦草或者文不对题的，罚喝墨水一升。

为什么会有这么奇葩的规定呢？

用他自己的话说：激励考生把喝进去的墨水，变成锦绣文章。

好在当时的墨是从松枝提取原料，

配料也多是中药材。

虽说味道不怎么样，但不伤身体。

据传，李世民就被逼喝过墨水。所以他当皇帝后取消了这项规定。他本人为了一雪前耻，苦练书法，字写得相当不错。

规定是废除了，可唐朝学子还得苦练书法。这是因为大唐官员选拔标准里有这么一条，考生必须得写一手漂亮的楷体。

所以唐朝的官员多是楷体大家。

像欧阳询的楷体就被称为“欧体”，

颜真卿和柳公权的字被誉为“颜筋柳骨”。

唐朝出了这么多书法家，还真得感谢隋文帝。

唐代出了很多书法家，其中著名的有欧阳询、虞世南、褚遂良、颜真卿、柳公权等人。

——吴晗《中国历史读本》

孩子为何以不会作诗为耻辱

上学时，都没少背过唐诗吧。熟读唐诗三百首，不会作诗也会吟。唐朝怎么会有那么多诗？

其实，流传到后世的唐诗大概有五万首。唐诗不仅数量大，形式也多。它主要分为古体诗和近体诗。古体诗又叫古风，有五言和七言两种。近体诗要求严格，分为绝句和律诗。

唐诗风格也多种多样。大诗人们在一块斗诗，简直有武林大会的架势。田园诗派淡雅宁静，边塞诗派雄浑壮观。浪漫诗派豪迈奔放，现实诗派沉稳悲凉。唐朝诗林真是热闹极了。

诗仙李白可以说得上是浪漫诗派的门主。

他的诗气势宏伟，想象力惊人。

“飞流直下三尺，疑是银河落九天”，

他把瀑布想象成是银河从天而落。

多么夸张的想象力！

身为李白的小迷弟，“诗圣”杜甫的风格却沉稳悲悯。

他的诗描写了唐朝由盛转衰的全貌，后人称为“诗史”。

他的代表作“三吏”“三别”，全面反映了战乱给百姓带来的巨大苦难，读之不觉潸然泪下。

那么，为什么诗歌在唐朝如此盛行呢？

这是因为唐朝皇帝大力提倡写诗，

科举考试里就要求作诗。

当时诗歌简直就是名片。

想求官，得献诗拜谒。

送友人，也得吟诗一首。

在这样的环境下，诗作就是最好的社交通行证。如果你诗写得不好，千万别出去社交了，因为会被别人耻笑的。所以唐朝的孩子们，都以不会作诗为耻辱。

唐诗在我国古代诗歌发展史上，占有崇高的地位。

——吴晗《中国历史常识》

暴走唐僧，十七年五万里怎么做到的

唐僧西天取经的故事，大家早就耳熟能详了吧。历史上，真有一位唐朝高僧去过西方取经。他就是今天的主角——**玄奘**。

玄奘十三岁就出家做了和尚。

他曾经追随过很多名师，学习佛法。

可是，每个老师说法不一，

各种经典也不相同。

为了解答疑惑，他决定去印度游学。

二十七岁那年，

玄奘独自一人从玉门关出发，

沿着古老的丝绸之路，

前往印度。

一路上，他风餐露宿，穿过荒凉的大沙漠，越过崇山峻岭。

历经千难万苦，终于来到印度佛教圣地——那烂陀寺。

在寺里，他追随戒贤法师学习印度佛法。

此后，他走遍印度各地，遍访名师。

终于，他的佛法超越了他的老师们。在一次辩论会上，他折服了各派印度学者，大家都对他的佛法赞叹不已。

四十三岁时，玄奘携带大量佛经回到长安。他西行求经，往返十七年，路程五万里，只为解答年少时的疑惑。这种坚韧不拔的求知精神，真令人敬佩！

玄奘在印度和巴基斯坦不仅以自己的学说丰富了佛教哲理，同时也将我国人民的友谊和文化带给了印度和巴基斯坦人民。

——吴晗《中国历史读本》

文成公主为西藏带去了什么

女方结婚陪嫁的东西，一般被称为“嫁妆”。今天我们就来数数文成公主的嫁妆吧！

吐蕃是青藏高原上一个少数民族建立的地方政权。

它的首领松赞干布十分仰慕唐朝文化，多次请婚。

唐太宗被他的诚意感动，

于是选中文成公主远嫁吐蕃。

松赞干布接亲时，可没少受他老丈人刁难。

相传，唐太宗出了六道难题。

比如为100匹马驹找妈妈，从100个宫女里辨认出公主。

好在松赞干布足够机智，最终成功迎娶了文成公主。

身为皇家子女，文成公主的嫁妆自然不能寒碜。她携带了大量的农具、蔬菜种子、书籍、牲畜。随行工匠还将酿酒技术传入藏区。

文成公主带去佛像和经书，在西藏地区传播佛教文化。

她还教藏族妇女刺绣针织，至今藏民依然对她十分怀念。

松赞干布和文成公主的联姻，说明早在7世纪时，汉藏两族人民就已经建立了血肉相连的亲戚关系。

——吴晗《中国历史常识》

李白和张旭谁更狂

在学校里，有比成绩的、比奖状的。

今天，咱们来比一比李白和张旭谁更狂。

张旭是唐朝著名的草书大家。

他每次喝醉酒就写草书，常常挥笔大叫，把头泡进墨汁，用头发书写。

别人都称他“张颠”。

杜甫有诗为证："张旭三杯草圣传，脱帽露顶王公前，挥毫落纸如云烟。"

即使在王公贵族面前，也依然敢这么写，够狂了吧。

李白狂起来，一点也不逊色。

有一次，皇帝让李白写诗。当时他喝醉了，居然让杨贵妃斟酒，高力士帮他脱靴子。这两位可是皇帝身边的红人啊，胆子可真够大的。

这还不算什么，李白要是喝多了，连皇帝召唤他，他也不搭理。

这不，杜甫又写诗为证：天子呼来不上船，自称臣是酒中仙。

不过这两人也确实有资格狂。张旭的草书，与李白的诗歌、裴旻的剑舞，被誉为唐朝“三绝”。唐朝那么多能人，他俩依然能脱颖而出。张狂点，也是个性使然。

李白的诗，充满了积极的浪漫主义色彩，对唐代和后代的诗歌都产生过巨大的影响。

——吴晗《中国历史常识》

钟馗居然是皇帝梦到的人物

各地都有春节贴门神的习俗。有些地方把钟馗当门神。其实，钟馗是皇帝梦到的人物，并不真实存在。

据说，有一次，唐玄宗梦见一个小鬼来他卧室偷东西。他正准备喊人，突然，出现了一个穿着破烂衣服的大鬼，直接将小鬼吞到肚子里。

唐玄宗一下子被惊醒了，他立马喊来吴道子，让他按照自己的描述将梦中的大鬼画出来。这就是钟馗画像的来历。

钟馗画像渐渐流传到民间，

人们纷纷把它贴在门上当门神。

从此以后，便形成了过年贴钟馗的习俗。

当然，这只是民间传说。

唐朝有很多这样的故事，被后世称为《唐代传奇》。

《唐代传奇》是短篇小说，内容千奇百怪，引人入胜，感兴趣的小伙伴可以去看看哦。

唐朝、宋朝的传奇小说，里面的主角都是官僚、士大夫、文人，写市井人物的作品很少。

——吴晗《明史简述》

梨园鼻祖——唐玄宗

唱戏曲的，通常被称为"梨园子弟"。

你们知道它的来历吗？

原来，唐玄宗十分热爱音乐，他曾经挑选300多名乐工，在梨园里教他们演奏乐器。所以后世人们称戏曲艺人为梨园子弟，唐玄宗也成了这一行的祖师爷。

他不仅精通乐器，还会编曲。

他编排的《霓裳羽衣曲》，

代表了唐朝乐舞的最高成就。

杨玉环曾带领宫女一起演练过《霓裳羽衣曲》。看着在音乐下翩翩起舞的宫女们，大臣们惊呼仙女下凡。

唐玄宗对音乐这么着迷，难怪会爆发安史之乱。唐朝的衰败，就是从他开始的。俗话说，玩物丧志，大家要引以为戒啊！

唐玄宗时，新创制的《霓裳羽衣曲》，在乐舞艺术上达到了很高的水平。安史之乱后，唐代的乐舞日渐衰落。

——吴晗《中国历史读本》

第五章

爱写词的宋元时期

士大夫的快乐天堂

宋朝的士大夫活得很滋润，工资高、待遇好，还受皇帝青睐。正因为这样优渥的环境，唐宋八大家才能有六位出自宋朝。不仅如此，宋朝文人极其擅长写词，他们将词的创作发扬光大，开创了豪放派、婉约派等不同风格。元灭宋朝后，戏曲开始在民间流行，涌现出很多脍炙人口的名篇。

欧阳修为什么用芦秆写字

现代社会物资丰富，笔的形式也多种多样，有钢笔、自动笔、签字笔等。古代就没那么好的条件了，欧阳修就曾经用芦秆代替笔，在地上写字，一起来看看吧。

欧阳修是北宋著名文学家，“唐宋八大家”之一。

他家境贫寒，没有钱读书。于是他的妈妈用芦秆在沙地上书写，教他写字。

这就是“画荻教子”的故事。

家里没书，欧阳修便到别人家去借书读。十岁那年，他借到一本《昌黎先生文集》，爱不释手，这为他后来倡导文化复古运动埋下了种子。

经过夜以继日地苦读，欧阳修对写文章形成了独特的见解。他推崇韩愈，主张文章要切合实际，反对夸张冷僻的文风。这就是他倡导的北宋诗文革新运动。

欧阳修开创了“言以载事”、简明流畅的文风，在北宋引起巨大轰动。

王安石、“三苏”的文章风格都受到他的影响，所以后人称欧阳修为一代文宗！

当年穷的买不起纸笔的欧阳修，通过自身努力，也能成为文坛领袖。现在大家学习条件这么好，不学出点成绩来，实在是愧对古人啊！

欧阳修的文章明畅简洁，丰富生动；无论写人、写事、写景，都能渲染出十分浓郁的抒情气氛。

——吴晗《中国历史读本》

文豪苏轼的逛吃人生

假如不用上学上班，大家都会做什么呢。相信很多人都会选择到处旅游吃美食。苏轼就是这样做的，他的一生政治上不得意，却得以游历许多地方。

苏轼是北宋时期的大文豪，

他在朝堂中备受排挤。

他的政敌为了打击他，经常贬他去地方为官。

那么他都去过哪些地方？

用他自己的诗来回答吧，“问汝平生功业，黄州惠州儋州”。

苏轼在黄州时，发现当地人不爱吃猪肉，猪肉特别便宜。

于是他就变着花样吃猪肉。

久而久之，他发明了一道菜——“东坡肉”。

它肥而不腻、味道鲜美，至今依然深受欢迎。

后来苏轼又被贬到惠州，在那里他发现了新美食——**荔枝**。

他在诗中激动地写道："日啖荔枝三百颗，不辞长作岭南人。"

只要天天有荔枝吃，什么都无所谓啦。真是个可爱的吃货。

几年后，他又被贬到儋州，真是个苦命人啊。当时儋州条件十分艰苦，但依然难不倒他。他在那里发现用酒煮生蚝肉，味道十分鲜美。他叮嘱儿子不要和别人说，免得别人来抢他肉吃。

别看苏轼一生就是吃和被贬，他的艺术创作可是一点没落下。他在诗、词、散文、书、画等方面都取得很高的成就，是北宋难得的全能型人才。尤其是他的词，豪迈壮阔，可称为“豪放派鼻祖”。

苏轼一生奔走潦倒，可他却能苦中作乐，用他自己的话说：

一蓑烟雨任平生。

这样乐观豁达的心境，真是令人敬仰啊！

苏轼有多方面的文学才能，古文、诗、词都写得很好。

——吴晗《中国历史读本》

拜石为兄的书法家——米芾

两人志趣相投，结为拜把兄弟，这种事应该不少见。可是，和石头结拜的，你们见过吗？

米芾是北宋著名的书法家，他的书法被誉为“宋元以来第一人”。

他生平就爱收集奇石，曾因赏石耽误公务，差点被贬官，但他依然沉迷其中。

有一次，他寻到一块奇形怪状的石头，喜欢得不得了。他跪拜在地，对石头说道：“我想见石兄你都想了二十年了啊！”

他听说灵璧盛产石头，就主动申请调去做官。去了之后，他依旧不理公务，整日赏玩石头。

一天，他的上司来检查工作，听说米芾玩石入迷，就狠狠地数落了他一顿。米芾不慌不忙地掏出一块石头，结果他的上司一把抢过去道：“这样的石头，我也爱！”真是一对爱石头的妙人啊。

米芾认为书法贵乎天真自然，流露个性，反对矫揉造作，装腔作态。

——吴晗《中国历史读本》

司马光为何上书请辞枢密使

"世界那么大，我想去看看"，

现在经常出现这样别致的辞职理由。

宋代司马光的辞职理由，可就没这么新颖了。

司马光是北宋著名的文学家、史学家。

小时候，他和朋友们一起玩，结果一位小朋友掉落到水缸里。其他人都不知道该怎么办，只有他砸破水缸，救出小伙伴。当时人们都夸他是神童。

长大后，神童司马光不负众望，在朝中当官。他为人正直，又很有才干，一直做到枢密使。可惜好景不长，他的好朋友王安石要变法。

当时很多人反对王安石变法，司马光是反对最激烈的一个。

他几次上书，批评变法的害处，结果都不被采纳。

心灰意冷之下，他选择辞职。

辞职后的司马光一点也没闲着。

他废寝忘食地编写史书。

由于政治上不得意，他便依托历史，

抒发自己对治国的见解。

就这样整整19年，《资治通鉴》终于问世了！

《资治通鉴》的历史地位极高，与《史记》并称“史学双璧”。它记载了我国 1300 多年的历史，对历朝的兴衰得失都做了深刻的探讨。感兴趣的伙伴们，可以去读读看。

北宋司马光领导编撰的《资治通鉴》，是我国著名的历史书之一，这部书对于历代“治乱兴衰”的重大史实叙述得很详细。

——吴晗《中国历史读本》

《梦溪笔谈》里还有活字印刷术

《百科全书》大家读过吗？在宋代，沈括就曾写过一本，一起来了解一下吧。

《梦溪笔谈》是宋代的科学家沈括写的笔记体著作。

它包含了天文、数学、物理等多方面内容，被誉为“中国科学史上的里程碑”。

沈括在《梦溪笔谈》里，专门记载了我国

古代四大发明之一——活字印刷术。

在此之前，人们都是采用雕刻印刷。

但刻板太费时间了，还不容易改错，使用起来很不方便。

于是聪明的毕昇把字做成胶泥活字，实行排版印刷。这就是活字印刷术。

它的出现大大提高了印刷效率，是印刷史上一次伟大的技术革新。

北宋仁宗时候，富有创造精神的毕昇，经过苦心钻研，发明了一种新的印刷方法——活字印刷术。

——吴晗《中国历史读本》

留取丹心照汗青——文天祥

我国历史上出现过很多英雄人物，比如誓不降元的文天祥。一起来看看他的故事吧。

文天祥是南宋的政治家、文学家。

在他少年时，南宋政权就岌岌可危了。

可皇帝却依然纵情声色，全然不想挽救颓势。

忽必烈建立元朝后，率领蒙古大军南下。

南宋节节败退，最终被灭。

为了挽救危局，文天祥招募士兵，起兵抗元。

只是他那点兵力，哪里是元兵的对手。

最终，他兵败被俘。

忽必烈十分欣赏文天祥，多次劝他投降。

他甚至对文天祥说：只要你肯投降，我让你做元朝丞相。

文天祥毫不动摇，只求一死，以全气节。

见他如此坚贞不屈，

忽必烈只好成全他。

文天祥临刑前，

面向南方跪拜后，

慷慨就义。

文天祥忠贞爱国的民族气节，是中华民族宝贵的精神财富。

他的名句**“人生自古谁无死，留取丹心照汗青”**，激励着一代又一代的仁人志士！

元朝统治者千方百计地对文天祥进行威逼利诱，要他归降。但是，他都坚决拒绝，毫不动摇。

——吴晗《中国历史读本》

关汉卿为什么说自己是颗铜豌豆

硬汉都知道吧，专指坚强不屈的男人。

今天给大家介绍一位元代的硬汉——关汉卿。

关汉卿从小饱读诗书，才华横溢，本可大有一番作为。

只可惜，他生在元代。

元朝统治者歧视汉人，汉族读书人在当时根本没有出路。

关汉卿只好流落江湖，成了一名元曲作家。他常年生活在社会底层，深刻了解底层人民的痛苦。

因此，他的剧本，充满了对元朝统治者的仇恨和讽刺。

他以笔为武器，向腐朽的元朝宣战。

比如在《窦娥冤》里，他借窦娥之口，愤怒地斥责统治阶级："地也，你不分好歹何为地？天也，你错勘贤愚枉做天！"

关老居然敢和我比硬，嘿嘿！

他的一生是奋斗的一生，就像他在《一枝花·不伏老》里写的“我是个蒸不烂、煮不熟、捶不匾、炒不爆、响珰珰一粒铜豌豆。”端的是一条硬汉！

《窦娥冤》是关汉卿杂剧的代表作品，也是现存的元代最好的杂剧之一。

——吴晗《中国历史读本》

绘画可不是闹着玩——赵孟頫

有一句歇后语：宋徽宗的鹰，赵子昂的马——都是好话（画）。今天，咱们就来聊聊赵子昂的好画吧。

赵孟頫，字子昂。

他是元朝著名画家。

他的画开创了元代的新画风。

他最爱画马，一生留下很多关于马的传世佳作。

他每次画马时，总会精心构思。

相传有一回，他在画百马图时，就差一只四脚朝天的马没画好。

为了画得形象逼真，他就整日琢磨。

这一天，他的夫人进屋喊他起床，结果发现他居然四脚朝天躺在床上打滚。

这就是“据床学马”的典故。

可见赵孟頫画马，是站在马的角度去观察。难怪他画的马天性十足，趣味横生。大画家尚且如此认真，更何况我们这些普通人呢！

宋元时山水、花鸟画由于比较正确地体现了现实主义的优良传统，已经可以和人物画分庭抗礼了。

——吴晗《中国历史读本》

第六章

爱写小说的明清

果然，文章越写越长了

明清时期，小说空前繁荣。在唐代传奇、宋元话本的基础上，明清两朝的文人们加以整理创作，将小说发展推向高峰。中国文学史上的四大名著均成书于明清时期。

一部编了五年的典籍——《永乐大典》

明代的一部书，人们为了编它，花了五年时间。是什么书呢，一起来看看吧！

当时天下书籍分布散乱，为了方便查阅，明成祖朱棣下令解缙等人编修一部集大成的类书。他要求搜索范围要广，经史、天文、地理、医药都要囊括其中。

解缙等人耗时五年，终于编成。

朱棣将其命名为《永乐大典》。

全书共22937卷，11095册，被誉为**“世界有史以来最大的百科全书”**。

嘉靖年间，皇宫失火，差点把大典给烧毁了。为了以防万一，嘉靖帝组织人员抄写《永乐大典》，总共耗时五年，才抄写完成。

躲得了火灾，却躲不了兵灾。1900年，八国联军攻入北京。《永乐大典》惨遭洗劫。目前，仅剩几百册存世，极其珍贵。

《永乐大典》在我国学术史上占有很高的地位，对研究我国古代文化遗产具有极高的参考价值。

——吴晗《中国历史读本》

李时珍为什么学医

疫情防控期间，很多医生奋斗在抗疫一线，谱写了一首首感人肺腑的赞歌。在明代，也有这样一位令人敬仰的医生。他就是李时珍。

李时珍是明代著名的医学家。

由于自小体弱多病，他很同情那些饱受病魔折磨的人。

所以长大后，他便追随父亲学医，很快就成了有名的医生。

他在行医的过程中，发现很多医书上都有错误。而且，一些新发现的药物都没被记载下来。于是，他决定自己编写一部完善的药书。

他走了上万里路，考察各地特产药物。沿路还询问了许多农民、渔夫，从他们口中知晓了很多药方和草药。就这样耗费了将近30年的时间，他写成了著名的《本草纲目》。

《本草纲目》一共记载了1900多种药物，弥补了过去医书的错误和不足。为了让读者明白，李时珍还将药物画成图画。全书光插图就有1000多幅。

《本草纲目》一书，不但在我国古代药物学史上占有极其崇高的地位，而且在世界植物形态分类学史上，也占有极其崇高的地位。

——吴晗《中国历史读本》

《西游记》是作者凭空想象的吗

《西游记》大家都听过吧，书里孙悟空大闹天宫的故事，精彩极了。今天就来聊聊它。

《西游记》是我国古典四大名著之一，它的作者是明代的吴承恩。

它讲述的是唐僧师徒四人，一路降妖除魔，历经九九八十一难，最终取得真经的故事。

虽然它是神魔小说，却依然有很深刻的现实意义。

比如孙悟空不满天庭欺诈，竖起“齐天大圣”旗帜，与十万天兵对抗的情节，不正是与农民起义相类似吗？

在车迟国篇章中，糊涂皇帝迷信道教，请虎力大仙等三妖作国师。

这就是在讽刺嘉靖皇帝崇信道教。

所以嘉靖帝将《西游记》列为禁书。

《西游记》通过神话的形式，
反映了当时社会的黑暗和官场的腐败。
它不仅故事精彩，而且还很幽默，
大家都去拜读一下吧。

《西游记》中的孙悟空是人民智慧与力量的化身，他大闹天宫、大闹地狱，把神鬼世界的权力和秩序打得粉碎，充分地反映了人民蔑视封建统治权力的情绪。

——吴晗《中国历史读本》

《四库全书》为何抄写员就用了3800多人

“招聘打字员，千字150元，满5年还可当县长。”碰到这样的招聘广告，一看就知道是骗子。不过，在清代，这样的招聘还真的存在过，一起来看看吧。

为了夸耀大清盛世，乾隆皇帝下令编修《四库全书》。

全书收录3462种图书，共79338卷，约8亿字。

由于它分为经、史、子、集四部，所以叫“四库全书”。

乾隆皇帝整整选拔3800多名文人担任抄写员。

他规定：每人每天抄写1000字，可得2.5钱银子，干满5年可以破格当官。

有钱赚，还有前途，抄写员们自然干劲十足。整整8亿字的全书，他们花了5年时间抄了7遍。这真是声势浩大的文化工程啊！

遗憾的是，乾隆皇帝要求凡是对清朝统治不利的书，统统删除或篡改。据传，因修全书，销毁的书籍达15万册。难怪有专家说“清人纂修《四库全书》而古书亡”。这其中的是非功过，可就真的很难评说了。

在编修《四库全书》过程中，如发现书中有不利于清政府统治的内容，就予以全部或部分销毁，或者篡改其中的字句。

——吴晗《中国历史读本》

京剧是北京的地方戏吗

我国有很多地方戏，像安徽的黄梅戏，河南的豫剧。那么京剧是北京的地方戏吗？

其实京剧的前身是徽戏。

乾隆年间，四大徽班进京演出，深受北京观众欢迎。

徽戏逐渐取代昆曲、京腔，成为北京剧坛主力军。

后来，徽戏吸取昆曲、京腔、秦腔等多个剧种精华，形成新戏曲，也就是京剧。所以，严格意义上来说，京剧可不是北京的地方戏。

京剧人物分生、旦、净、丑四个角色行当，且人物都有固定的脸谱。像红脸的关公代表忠义，白脸的曹操代表大奸臣。

京剧表演细腻，唱腔悠扬，流传广泛，有**“国粹”**之称。

感兴趣的朋友们，可以听听，感受下传统文化的厚重吧。

京剧的表演都有一定的程式，但在京剧的发展过程中，不少杰出的表演艺术家不断地丰富和创造，形成了各种不同流派的艺术风格。

——吴晗《中国历史读本》

《红楼梦》为什么被称为传统文化的集大成者

“开口不谈《红楼梦》，读尽诗书也枉然”。《红楼梦》居然有这样大的魅力，一起来看看吧！

《红楼梦》被誉为“中国古代四大名著之首”“中国封建社会的百科全书”“传统文化的集大成者”。

它的作者是清代的曹雪芹。

它以贾宝玉、林黛玉的爱情悲剧为主线，通过描写贾、王、史、薛四大家族的兴衰，揭露出封建社会的黑暗现实。

曹雪芹以如椽巨笔，刻画出许多生动的女性。比如多愁善感的林黛玉、沉静温柔的薛宝钗、精明强干的王熙凤等，一个个形象鲜明，如跃纸上。

由于清朝大兴文字狱，曹雪芹不得不将“真事隐去，假语村言”。他隐去的真事，吸引了无数专家学者探秘，最终诞生了“红学”。可见《红楼梦》魅力之大!

《红楼梦》是我国古典小说中最伟大的一部现实主义作品。

——吴晗《中国历史读本